JUEGOS INTELIGENTES
Colección di

Juegos para aprender a razonar

6-8 AÑOS

Roger Rougier
Ilustraciones de Joëlle Dreidemy

terapias verdes

ÍNDICE DE CONCEPTOS TRATADOS EN ESTE CUADERNO

Combinación

Tres cubos	3 elementos – Posición	30
La carrera	3 elementos – Posición – Orden	31
Y glu glu glu...	2 elementos y 2 criterios	32
Las regiones	3 criterios – Posición – Anticipación	36
Las camisetas	3 elementos – Posición	40
Las ricas manzanas	3 elementos y 2 criterios	41
Compón tu paisaje	2 elementos y 2 criterios	45
Los objetos de la mesa	3 elementos – Posición – Orden	46

Comparación

Las mariquitas	Más – Menos	4
Las mariquitas	El mayor – El menor	5
Mariquitas señoritas	Más que	6
Mariquitas señoritas	Menos que	7
Farándula de mariquitas	Más – Menos – Tantos como	8
Los pescadores	Más alto que	12
Bonitas flores	La palabra y	13
Las velas	Más que	15
Luz	Menos que	16
Calor	Menos que	17
Llamas	Más que	18
El tío Ramón	Afirmación – Negación	24
En el musgo	Afirmación – La palabra y	27
Formas y colores (1)	Clasificación de polígonos	52
Formas y colores (2)	Clasificación de polígonos	53
La hermosa vidriera	Clasificación de polígonos	54
Contemos bien	Número de elementos	58

Orden

Paisaje	Lógica – Cronología	39
La botella se llena	Orden creciente	43
La botella se vacía	Orden decreciente	44
Deshojemos la margarita	Lógica – Cronología	51

Terapias Verdes, S.L.
Pau Claris, 167, 08037 Barcelona
www.terapiasverdes.com
comunicacion@grupotnm.com

Localización

PECES DELANTE	Delante	9
PECES DETRÁS	Detrás	10
PECES	Delante – Detrás	11
¿ADÓNDE IR?	Ir hacia	19
PASITO A PASO	Ir hacia	20
¡DEPRISA!	Arriba – Abajo Izquierda – Derecha	21
EL CÓDIGO	Descifrar	22
JUGUEMOS A LOS CUBOS	Posición – Desplazamientos	33
¿DÓNDE ESTÁ?	Descifrado de tabla de doble entrada	35
MOSAICO	Sobre, bajo, a la derecha de, a la izquierda de	42
EL CUBO DE MÁS	Posición – Supresión	50
¡QUÉ ESCANDALOSOS!	Más alto que, menos alto que	55
APUNTAR A UNA CASILLA	Localizar una casilla	59
APUNTAR A LAS CASILLAS	Localizar varias casillas	60
APUNTAR A OTRAS CASILLAS	Localizar varias casillas	61

Distribución

ROJO O VERDE	Reparto equitativo	47
ESTRELLAS FUGACES	Reparto no equitativo	48
CIELO ESTRELLADO	Reparto no equitativo	49
GALLINAS Y POLLUELOS	Más, menos Reparto no equitativo	56

Deducción

BONITAS FLORES	La palabra *pero*	14
MIS TÍOS	Y – Pero	23
BRRR...	Eliminación	25
HA NEVADO OTRA VEZ	La palabra *y*	26
SOMBRERO PUNTIAGUDO, SOMBRERO REDONDO	Y – Pero	28
EN EL MUSGO	Eliminación	29
LAS MANZANAS	Y – Situación	34
EL RETRATO DEL TÍO JULIO	Si – Si no	37
UN BONITO DIBUJO	Si – Si no	38
LOS AMIGOS DE MEHDI	Y – Pero – También – Verdadero – Falso	57
LOS DOS PAYASOS	Y – Negación	62
EL PERRO BILÚ	Verdadero – Falso	63

CONSEJOS DE USO 64

MÁS - MENOS

Las mariquitas

Colorea las mariquitas siguiendo las indicaciones.

1

La mariquita azul tiene más puntos que la roja.

 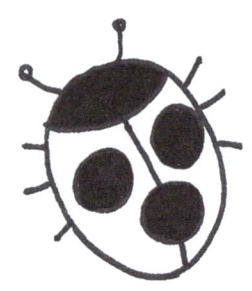

2

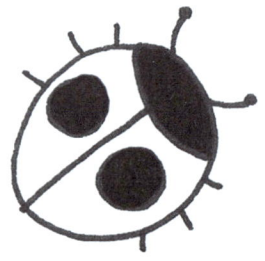 

La mariquita verde tiene menos puntos que la amarilla.

3

La mariquita amarilla es más grande que la azul.

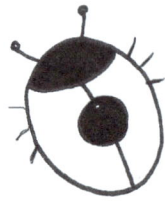 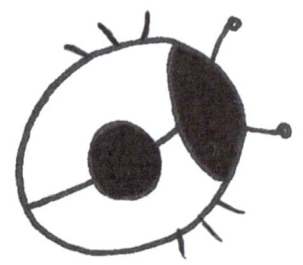

EL MAYOR - EL MENOR

Las mariquitas

En cada recuadro, colorea de rojo la mariquita que tenga el mayor número de puntos y de amarillo la que tenga el menor.

1
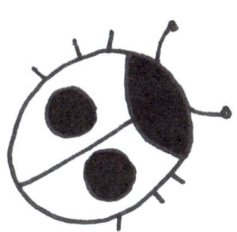  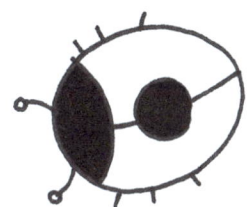

2
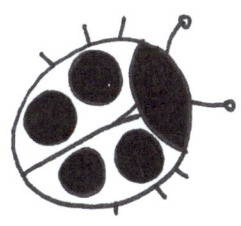  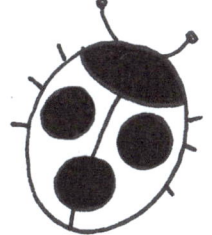

3
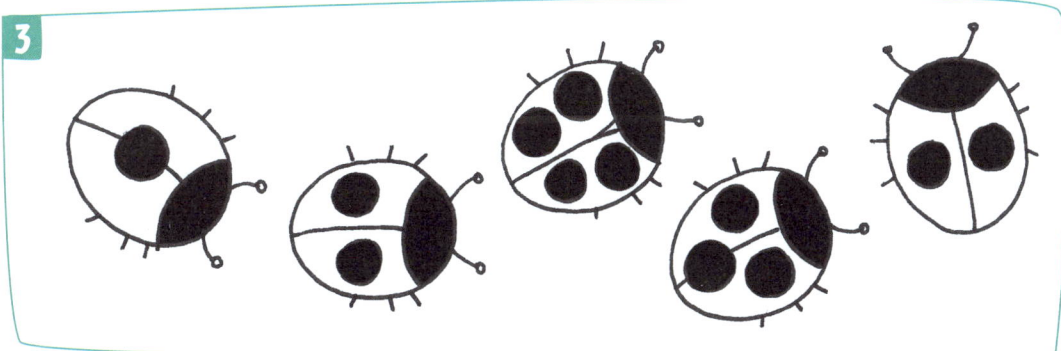

MÁS QUE

Mariquitas señoritas

Colorea las mariquitas siguiendo las indicaciones.

1

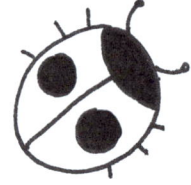 

La mariquita roja tiene más puntos que la amarilla.

2

La mariquita roja tiene más puntos que la amarilla. La mariquita amarilla tiene más puntos que la azul.

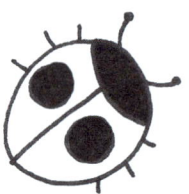  

3

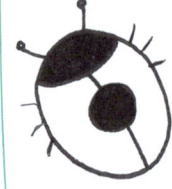  

Esta vez, la mariquita amarilla tiene más puntos que la azul. Y la azul más puntos que la roja.

MENOS QUE

Mariquitas señoritas

Colorea las mariquitas siguiendo las indicaciones.

1

 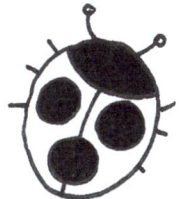

La mariquita verde tiene menos puntos que la roja.

2

La mariquita verde tiene menos puntos que la roja. La mariquita roja tiene menos puntos que la azul.

 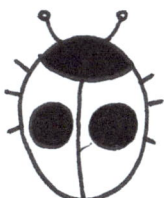 

3

 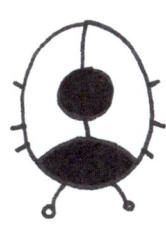 

Esta vez, la mariquita azul tiene menos puntos que la roja. Y la roja menos puntos que la verde.

Farándula de mariquitas

Colorea de rojo la primera mariquita de la farándula, y, a continuación, también de rojo, las que tengan tantos puntos como ella.
Después, colorea de amarillo las que tengan más puntos que la primera mariquita, y de azul las que tengan menos.

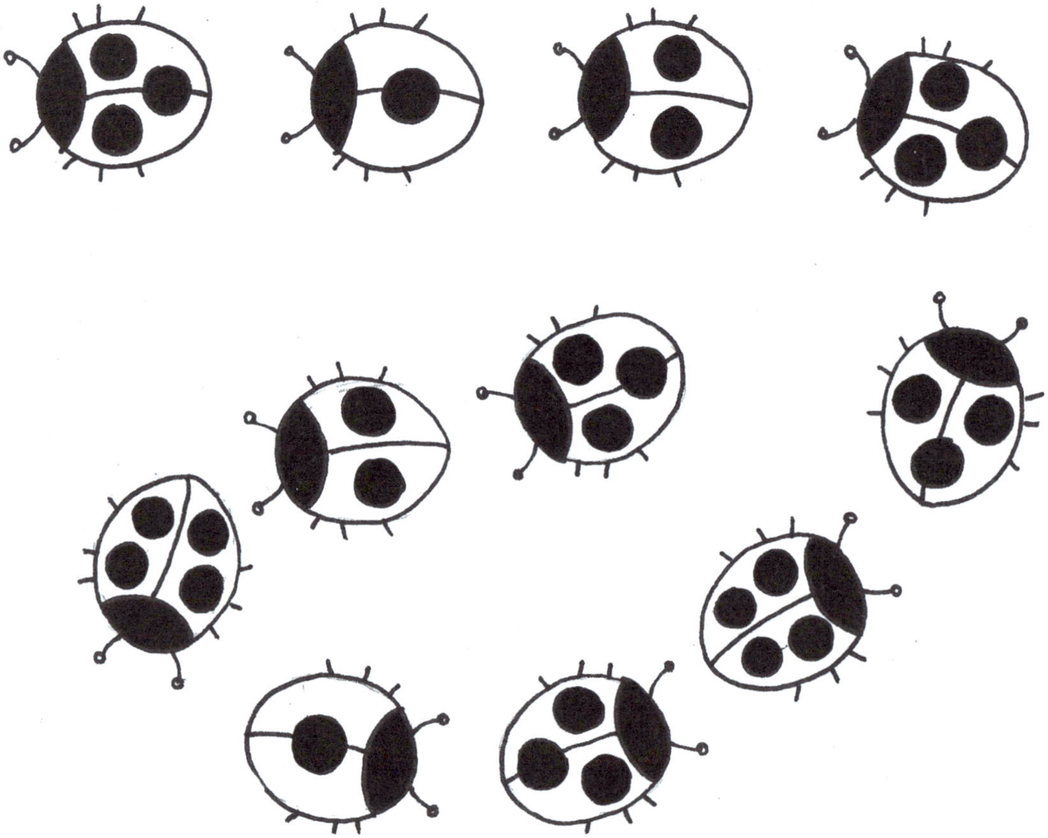

DELANTE

Peces delante

Colorea los peces según las indicaciones.

1

El pez gris nada delante del pez amarillo.

2

El pez amarillo nada delante del pez rojo.

3 El pez rojo nada delante del pez azul.
El pez rosa nada delante del pez rojo.

DETRÁS

Peces detrás

Colorea los peces según las indicaciones.

1

El pez gris nada detrás del pez amarillo.

2

El pez rojo nada detrás del pez verde.

3

El pez azul nada detrás del pez amarillo. El pez naranja nada detrás del pez azul.

DELANTE – DETRÁS

Peces

Colorea los peces siguiendo las indicaciones.

El pez rojo está delante del amarillo.
El pez rojo está detrás del verde.

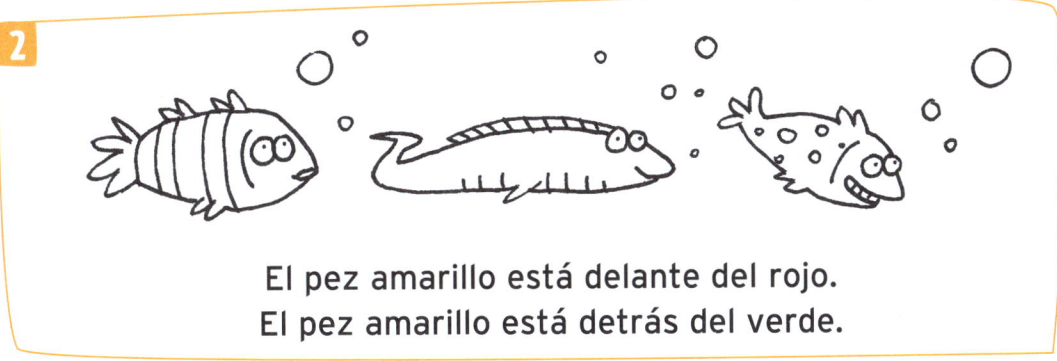

El pez amarillo está delante del rojo.
El pez amarillo está detrás del verde.

El pez verde está delante del amarillo.
El pez verde está detrás del rojo.

MÁS ALTO QUE

Los pescadores

Tres amigos van bajo la lluvia a pescar lucios.
Escribe los nombres de los tres pescadores sobre las líneas de puntos tras haber leído bien las indicaciones.

Lucas es más alto que Pablo. Pablo es más alto que Max.

Ahora, completa estas frases:

.... es el más alto.   .... va el primero.

.... es el más bajo.   .... va el último.

LA PALABRA Y

Bonitas flores

Colorea de rojo las flores de 5 pétalos.

Colorea de rojo las flores que tienen 5 pétalos y 1 hoja.

LA PALABRA **PERO**

Bonitas flores

Colorea las flores según las indicaciones.

1

La flor azul tiene más pétalos que la amarilla, pero menos hojas que la roja.

2

La flor roja tiene menos pétalos que la azul, pero más hojas que la amarilla.

3

La flor amarilla tiene más hojas que la roja, pero menos pétalos que la azul.

MÁS QUE

Las velas

Colorea las velas según las indicaciones.

1

La vela roja ha ardido más que la azul.

2

La vela amarilla ha ardido más que la roja.

3

La vela azul ha ardido más que la amarilla.

4

La vela roja ha ardido más que la amarilla.

Menos que

Luz

Colorea las velas según las indicaciones.

1

La vela roja ha ardido menos que la azul.

2

La vela azul ha ardido menos que la roja.

3

La vela amarilla ha ardido menos que la azul.

4

La vela amarilla ha ardido menos que la roja.

MENOS QUE

Calor

Colorea las velas según las indicaciones.

1

La vela azul ha ardido menos que la amarilla.
Y la vela amarilla ha ardido menos que la roja.

2

La vela verde ha ardido menos que la roja.
Y la roja ha ardido menos que la amarilla.

MÁS QUE

Llamas

Colorea las velas según las indicaciones.

1

La vela azul ha ardido más que la amarilla.
Y la amarilla más que la roja.

2

La vela roja ha ardido más que la azul.
Y la azul más que la amarilla.

IR HACIA

¿Adónde ir?

Ayuda a las mariquitas a desplazarse siguiendo las indicaciones.

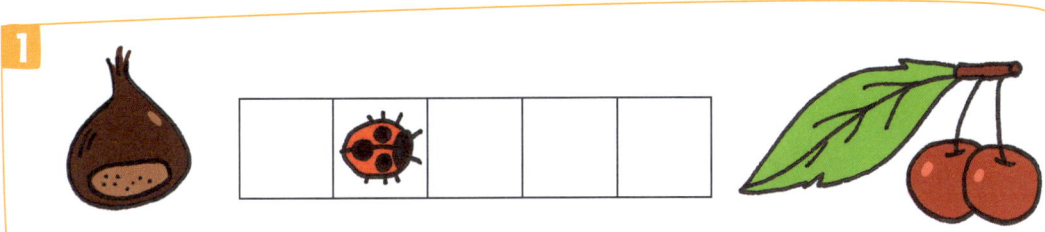

Esta mariquita avanza 2 casillas hacia las cerezas.
Colorea de rojo su nueva casilla.

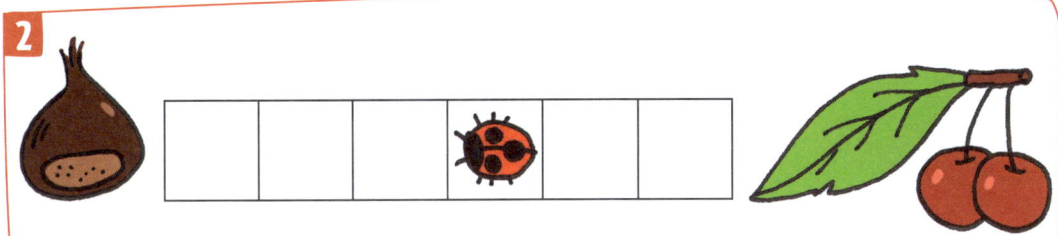

Esta mariquita avanza 3 casillas hacia la castaña.
Colorea de verde su nueva casilla.

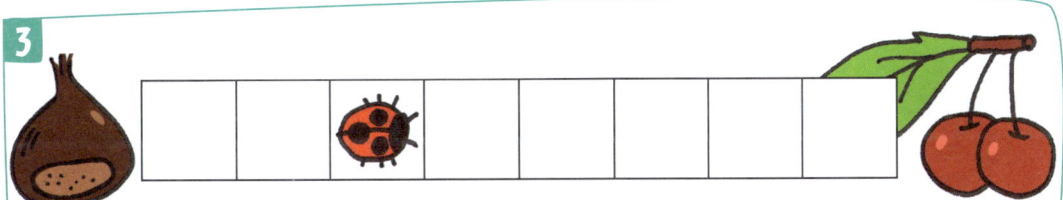

Esta mariquita se desplaza 4 casillas hacia las cerezas, y, desde ahí, 5 casillas hacia la castaña.
Colorea de azul su nueva casilla.

IR HACIA

Pasito a paso

Las mariquitas han salido de la casilla azul
y se han desplazado hacia las cerezas o hacia la castaña.
Coloréalas según las indicaciones.

1

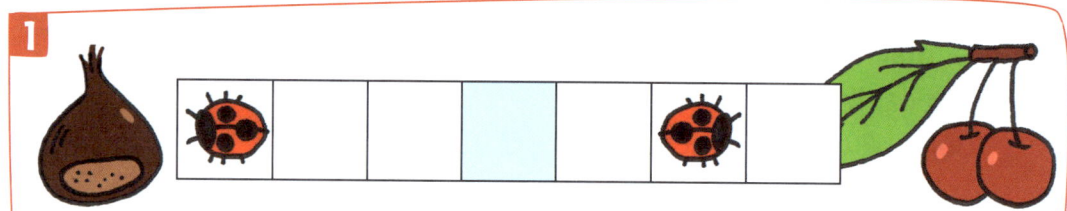

La mariquita roja ha avanzado 2 casillas hacia las cerezas.
La mariquita verde ha avanzado 3 casillas hacia la castaña.

2

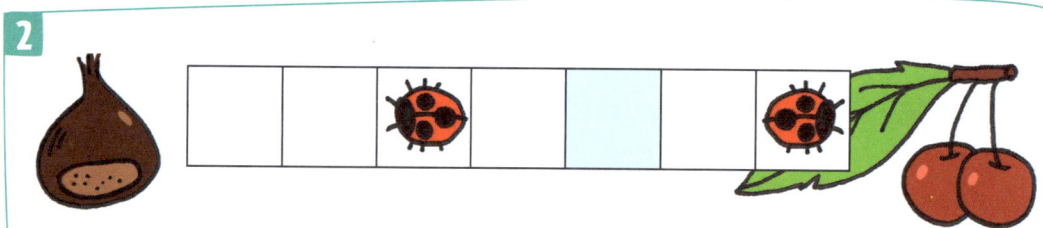

La mariquita roja ha avanzado 2 casillas hacia la castaña.
La mariquita verde ha avanzado 2 casillas hacia las cerezas.

3

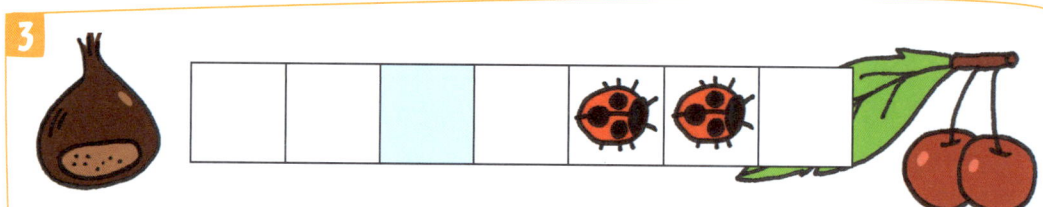

La mariquita roja ha avanzado 3 casillas hacia la cereza.
La mariquita verde ha avanzado 2 casillas hacia la castaña,
y luego 4 casillas hacia la cereza.

ARRIBA - ABAJO - IZQUIERDA - DERECHA

¡Deprisa!

Colorea la casilla de llegada de las mariquitas siguiendo las indicaciones.

1

La mariquita se desplaza una casilla hacia arriba; luego, 2 casillas hacia la derecha. Colorea de rojo la casilla de llegada.

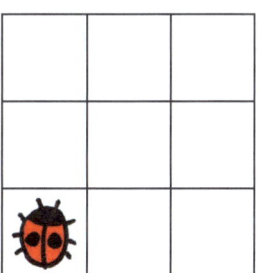

2

La mariquita se desplaza 3 casillas hacia la derecha, una casilla hacia arriba, y, por último, 2 casillas hacia la izquierda. Colorea de verde la casilla de llegada.

3

La mariquita se desplaza 2 casillas hacia la izquierda, 2 casillas hacia arriba, 2 casillas hacia la derecha, y 2 casillas hacia abajo. Colorea de amarillo la casilla de llegada.

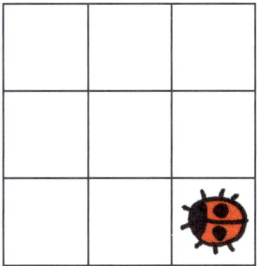

Descifrar

El código

Aquí tienes un código de desplazamiento:
- I = hacia la izquierda
- D = hacia la derecha
- A = hacia arriba
- B = hacia abajo

Por ejemplo: I3 significa que la mariquita se desplaza 3 casillas hacia la izquierda.

Otro ejemplo: D4 – A2. La mariquita se desplaza 4 casillas hacia la derecha, y, luego, 2 casillas hacia arriba.

Aquí tienes un desplazamiento codificado:
A4 – I2 – B6 – I1 – A5 – D6 – B4 – I7
Colorea la casilla de llegada.

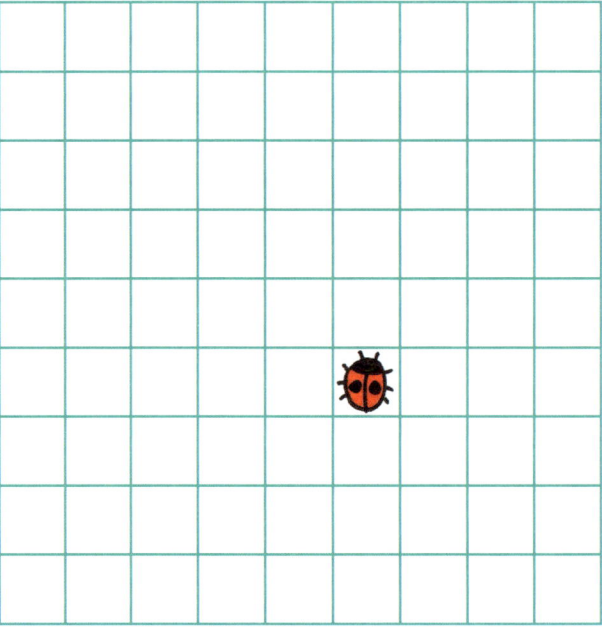

Mis tíos

¿De quiénes son tíos estos personajes? Escribe el nombre de la niña o el niño que corresponda tras haber leído las indicaciones.

El tío de Miguel lleva sombrero y bigote.
El tío de Lucía lleva sombrero pero no bigote.
El tío de Norma lleva bigote pero no sombrero.
El tío de Daniel no lleva ni bigote ni sombrero.

Yo soy el tío de ....

Yo soy el tío de ....

Yo soy el tío de ....

Y yo soy el tío de ....

AFIRMACIÓN - NEGACIÓN

El tío Ramón

Observa bien el retrato del tío Ramón.
A continuación, tras cada frase, escribe
VERDADERO o FALSO.

El tío Ramón lleva bigote.   ....

El tío Ramón lleva sombrero.   ....

El tío Ramón lleva barba.   ....

El tío Ramón no lleva barba.   ....

El tío Ramón no lleva sombrero.   ....

El tío Ramón no lleva gafas.   ....

El tío Ramón lleva bigote y sombrero.   ....

El tío Ramón lleva barba y sombrero.   ....

El tío Ramón lleva gafas y bigote.   ....

ELIMINACIÓN

Brrr...

Lee bien las indicaciones que hay debajo del dibujo y rodea con un círculo el muñeco de nieve que ha hecho Óscar.

Óscar no le ha puesto sombrero a su muñeco de nieve, y tampoco lleva ni rama ni rastrillo.

LA PALABRA Y

Ha nevado otra vez

Lucas, Iris y Max han hecho cada uno un muñeco de nieve. ¿Cuál? Lee bien las indicaciones que hay debajo del dibujo, y completa los carteles.

El muñeco de nieve de Lucas tiene gorro y lleva una escoba.
El muñeco de nieve de Iris lleva paraguas y pipa.
El muñeco de nieve de Max lleva paraguas y gorro.

AFIRMACIÓN - LA PALABRA Y

En la hierba

Colorea de rojo las setas con sombrero puntiagudo.

Colorea de verde las setas con sombrero puntiagudo y anillo.

Sombrero puntiagudo, sombrero redondo

Colorea las setas después de haber leído las indicaciones.

La seta roja tiene sombrero puntiagudo y anillo.
La seta verde tiene sombrero redondo pero no anillo.
La seta amarilla tiene sombrero puntiagudo pero no anillo.

La seta roja tiene sombrero redondo pero no anillo.
La seta verde tiene sombrero puntiagudo y anillo.
La seta amarilla tiene sombrero redondo y anillo.
La seta azul tiene sombrero puntiagudo pero no anillo.

ELIMINACIÓN

En la hierba

En cada recuadro, colorea la seta que va a coger uno de los dos tíos.

1

El tío Mario no coge setas con sombrero redondo ni con anillo.

2

El tío Alfredo no coge setas con sombrero puntiagudo ni tampoco sin anillo.

3 ELEMENTOS – POSICIÓN

Tres cubos

Aquí tienes 3 cubos. Colorea el primero de rojo, el segundo de amarillo, y el tercero de azul.

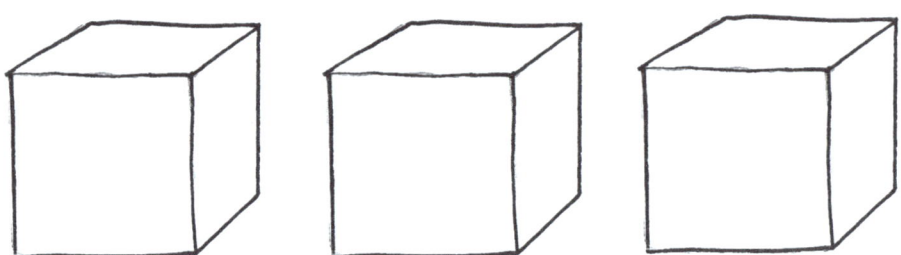

Superponlos de 6 formas diferentes. Para ello, colorea el ejemplo y halla el resto de soluciones.

Ejemplo:

rojo
amarillo
azul

3 ELEMENTOS - POSICIÓN - ORDEN

La carrera

La tortuga, el caracol y la mariquita echan una carrera. ¿En qué orden van a llegar?

Indica en la tabla todas las posibilidades de llegada de la carrera.

Para ayudarte, te damos la primera línea como ejemplo.

1	tortuga	caracol	mariquita
2	tortuga	mariquita	
3	mariquita		
4			
5			
6			

2 ELEMENTOS Y **2** CRITERIOS

Y glu glu glu...

Tomemos una botella y un vaso.

La botella puede estar llena o vacía.

El vaso puede estar lleno o vacío.

Colorea de modo que obtengas 4 dibujos diferentes.

POSICIÓN - DESPLAZAMIENTOS

Juguemos a los cubos

En cada recuadro, colorea de rojo el cubo que cambia de lugar entre las dos construcciones.

1
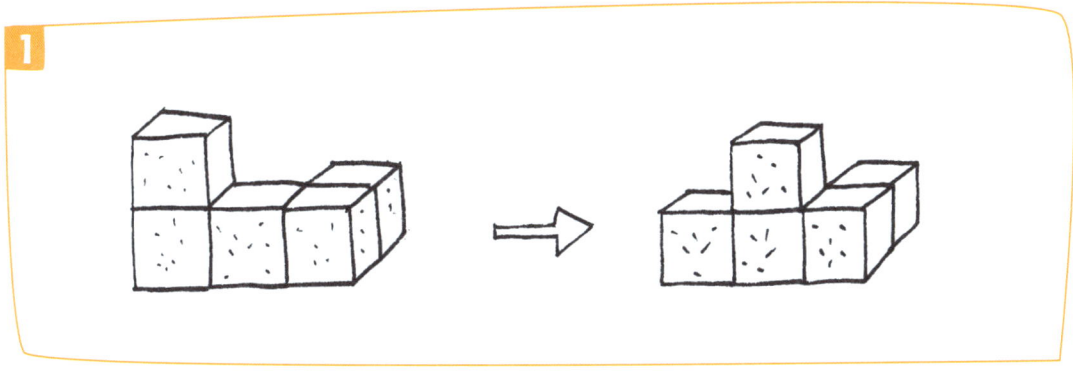

2
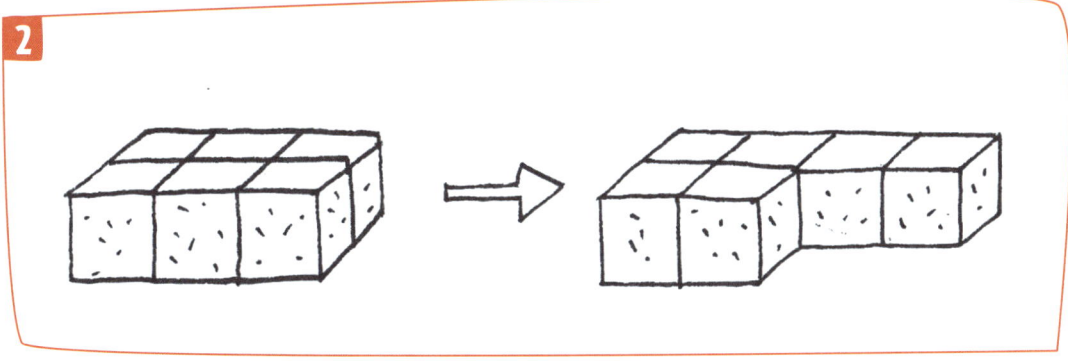

3
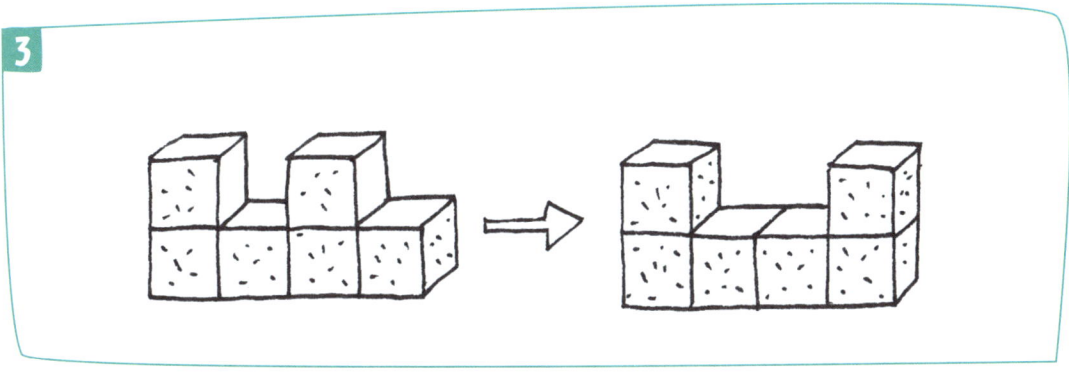

Las manzanas

Colorea las manzanas según las indicaciones.

La manzana roja y la amarilla tienen una hoja.
La manzana roja está a la derecha de la verde.

La manzana roja y la amarilla tienen una hoja.
Ahora la manzana roja está a la izquierda de la verde.

DESCIFRADO DE TABLA DE DOBLE ENTRADA

¿Donde está?

En una casilla de la tabla hay una mariquita. Búscala y coloréala de rojo.

¿Qué ves en estas casillas?

Casilla B2 : .... Casilla E3 : ....

Casilla A5 : .... Casilla D1 : ....

Casilla C3 : .... Casilla A2 : ....

Casilla E5 : .... Casilla B5 : ....

¿En qué casilla está el abeto? ....

3 CRITERIOS - POSICIÓN - ANTICIPACIÓN

Las regiones

En cada recuadro, colorea de rojo, de amarillo o de azul cada región.
Pero ¡presta atención!, pues no pueden tocarse dos regiones del mismo color.

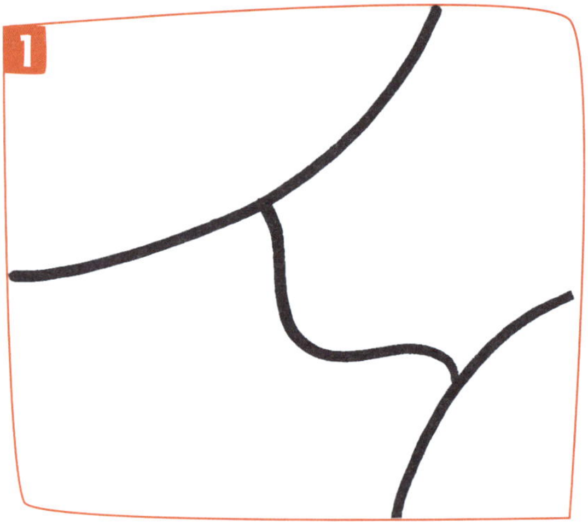

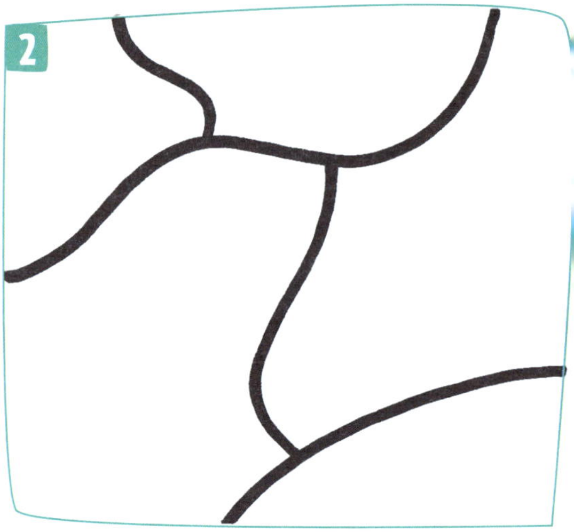

Sí - Si no

El retrato del tío Julio

El retrato del tío Julio no está acabado. Termínalo después de haber observado bien los elementos y leído las indicaciones.

Elementos para acabar el dibujo:

ojo abierto

ojo cerrado

pelo liso

pelo rizado

Si eres chica, ponle ojos abiertos al tío Julio; si no, cerrados.
Si eres chico, ponle pelo liso; si no, dibújalo con pelo rizado.

Sí - Sí no

Un bonito dibujo

Escribe aquí tu nombre: ………………………………………

Marca lo que sea correcto: comienza por vocal. / consonante.

Este dibujo no está terminado.
Acábalo con los elementos que se te proponen
y siguiendo las indicaciones.

Elementos para acabar el dibujo:

ventana cerrada

ventana abierta

sol

nube

Si tu nombre empieza por vocal, dibuja una ventana abierta en la casa; si no, dibújala cerrada.
Si tu nombre no empieza por vocal, dibuja el sol encima del árbol; si no, dibuja una nube.

LÓGICA - CRONOLOGÍA

Paisaje

Numera los dibujos del más sencillo al más completo.

3 ELEMENTOS - POSICIÓN

Las camisetas

Mi hermano pequeño ha dibujado a sus amigos jugando al fútbol. Sus camisetas son rojas, amarillas y azules.
Coloréalas de manera que sean todas diferentes.

3 ELEMENTOS Y 2 CRITERIOS

Las ricas manzanas

Aquí tienes una manzana con una hoja.
La manzana puede ser roja, amarilla o verde.
La hoja puede ser amarilla o verde.

Colorea de 6 maneras diferentes las manzanas con las hojas.

SOBRE, BAJO, A LA DERECHA DE, A LA IZQUIERDA DE

Mosaico

En cada recuadro, colorea los 4 cuadrados de rojo, azul, verde o amarillo siguiendo las indicaciones.

1 El cuadrado rojo está a la izquierda del cuadrado azul y encima del cuadrado verde. No te olvides del cuadrado amarillo.

2 El cuadrado rojo está a la izquierda del cuadrado azul y debajo del cuadrado verde. No te olvides del cuadrado amarillo.

3 El cuadrado rojo está a la derecha del cuadrado azul y encima del cuadrado verde. No te olvides del cuadrado amarillo.

4 El cuadrado rojo está a la derecha del cuadrado azul y debajo del cuadrado verde. No te olvides del cuadrado amarillo.

ORDEN CRECIENTE

La botella se llena

Numera las botellas de la que menos a la que más líquido tenga.

ORDEN DECRECIENTE

La botella se vacía

Numera las botellas de la que más a la que menos líquido tenga.

2 ELEMENTOS Y 2 CRITERIOS

Compón tu paisaje

Aquí tienes 4 dibujos idénticos. Invéntate 4 paisajes diferentes dibujando en cada recuadro una casa y una luna.

La casa puede estar a la izquierda o a la derecha del árbol.
La luna también puede estar a la izquierda o a la derecha del árbol.

3 ELEMENTOS - POSICIÓN - ORDEN

Los objetos de la mesa

Aquí tienes 3 dibujos que puedes reproducir fácilmente: una botella, un vaso y una manzana.

Dibuja en seis posiciones diferentes estos 3 objetos encima de la mesa.

Para ayudarte, ya hemos realizado los 3 primeros dibujos.

REPARTO EQUITATIVO

Rojo o verde

En cada figura, colorea todos los cuadrados para que haya tantos verdes como rojos.

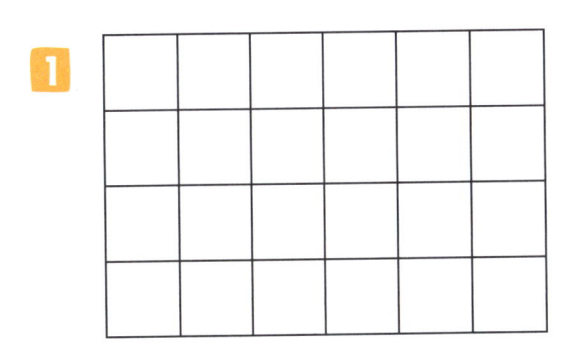

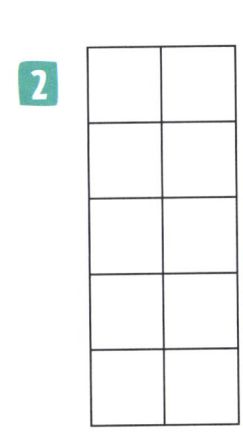

1

2

3

4

REPARTO NO EQUITATIVO

Estrellas fugaces

En cada recuadro, colorea todas las estrellas para que haya una estrella amarilla más que estrellas rojas.

1

2

3

4

REPARTO NO EQUITATIVO

Cielo estrellado

Colorea las estrellas siguiendo las indicaciones.

1

Colorea 3 estrellas amarillas más que estrellas rojas.

2

Colorea 2 estrellas azules más que estrellas amarillas.

3

Colorea una estrella roja más que estrellas azules.

4

Colorea 4 estrellas rojas más que estrellas amarillas.

POSICIÓN - SUPRESIÓN

El cubo de más

En cada recuadro, colorea de verde el cubo que hay que quitar de la primera construcción para obtener la segunda.

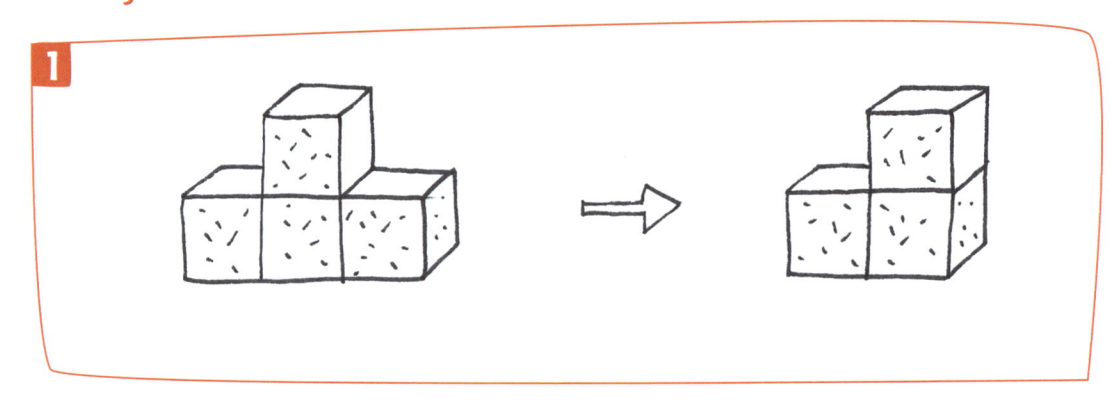

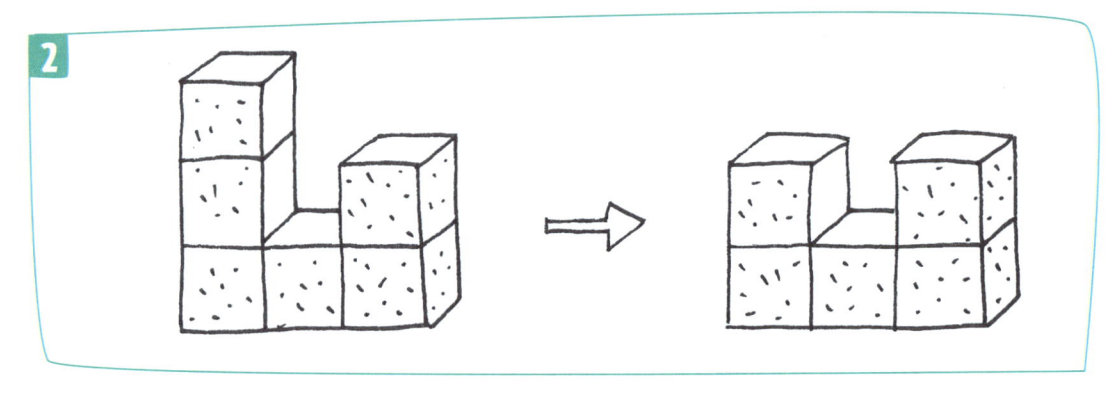

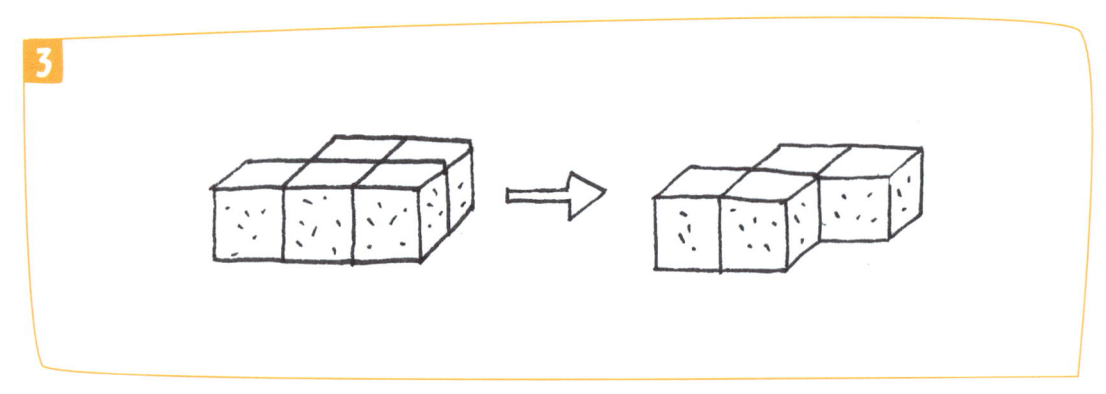

1

2

3

LÓGICA - CRONOLOGÍA

Deshojemos la margarita

La margarita pierde los pétalos uno a uno.
Numera los dibujos comenzando por el que muestra
a la margarita con todos los pétalos y acabando
con el que menos tenga.

Clasificación de polígonos

Formas y colores (1)

Un polígono es una figura geométrica que tiene varios lados.
En cada recuadro:
- colorea de amarillo los polígonos de 3 lados.
- colorea de rojo los polígonos de 4 lados.

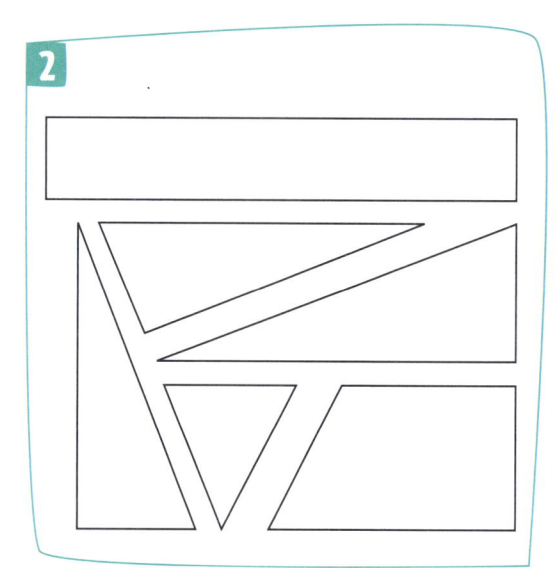

CLASIFICACIÓN DE POLÍGONOS

Formas y colores (2)

En cada recuadro:
- colorea de amarillo los polígonos de 3 lados.
- colorea de rojo los polígonos de 4 lados.
- colorea de azul los polígonos de 5 lados.

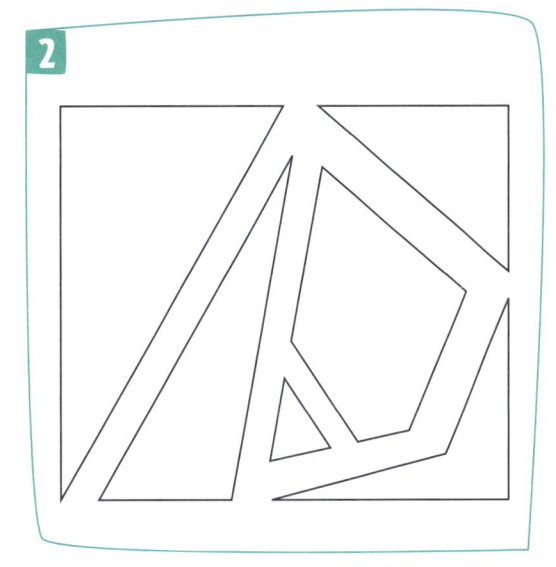

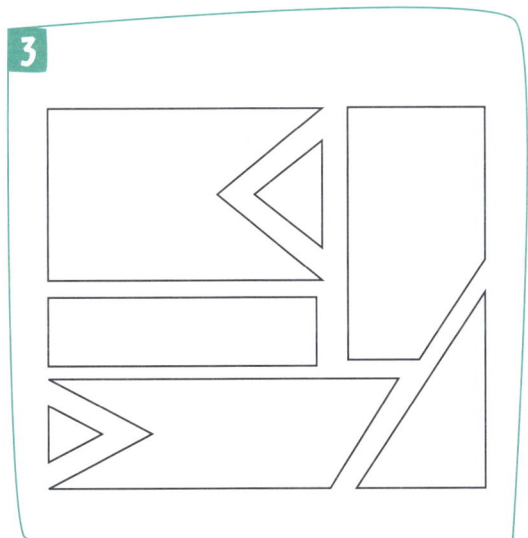

CLASIFICACIÓN DE POLÍGONOS

La hermosa vidriera

Para hacer la vidriera más luminosa: colorea de amarillo los elementos de 3 lados, de rojo los elementos de 4 lados, de azul los de 5 lados, y los demás de naranja.

¿Cuántos elementos has coloreado de

amarillo? ☐   rojo? ☐   azul? ☐   naranja? ☐

MÁS ALTO QUE, MENOS ALTO QUE

¡Qué escandalosos!

Colorea los loros siguiendo las indicaciones.

1

El loro rojo está más alto que el verde.
El loro verde está más alto que el amarillo.

2

El loro azul está menos alto que el amarillo.
El loro amarillo está menos alto que el rojo.

MÁS, MENOS - REPARTO NO EQUITATIVO

Gallinas y polluelos

Une cada gallina a sus huevos, con una línea de color diferente, siguiendo las indicaciones.

La gallina situada más arriba es la que más huevos ha puesto.
La gallina situada más abajo es la que menos huevos ha puesto.
No te olvides de la tercera gallina y sus huevos.

Han nacido varios polluelos.
Colorea algunos de amarillo para que haya un polluelo amarillo más que blancos.

Y - PERO - TAMBIÉN - VERDADERO - FALSO

Los amigos de Mehdi

Mehdi les ha hecho una foto a sus amigos.
Escribe sus nombres según las explicaciones.

▲ ....   ▲ ....   ▲ ....   ▲ ....

Lucas tiene el pelo rizado y lleva una bufanda. Clemente lleva un suéter rayado pero no lleva gorro. Simón también lleva un suéter rayado. Jaime también está en la foto.

Ahora, responde con VERDADERO o FALSO a las siguientes frases.

Clemente y Simón llevan un suéter rayado.   ....

Clemente y Lucas llevan el pelo rizado.   ....

Jaime y Lucas no llevan gorro.   ....

Número de elementos

Contemos bien

En cada recuadro, colorea la forma geométrica que esté más veces dibujada.

Ejemplo: aquí, habrías de colorear los cuadrados, pues son más numerosos que los círculos.

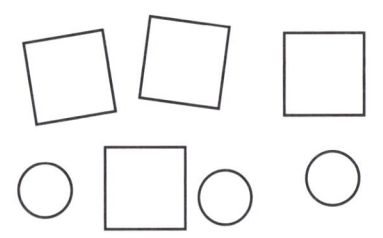

LOCALIZAR UNA CASILLA

Apuntar a una casilla

En cada cuadrícula, pinta de rojo la casilla a la que apunten las dos flechas.

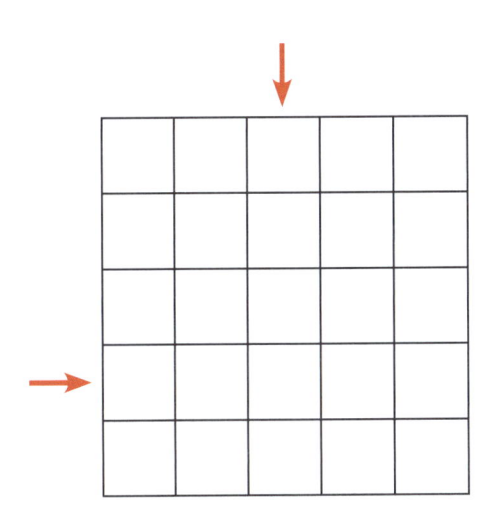

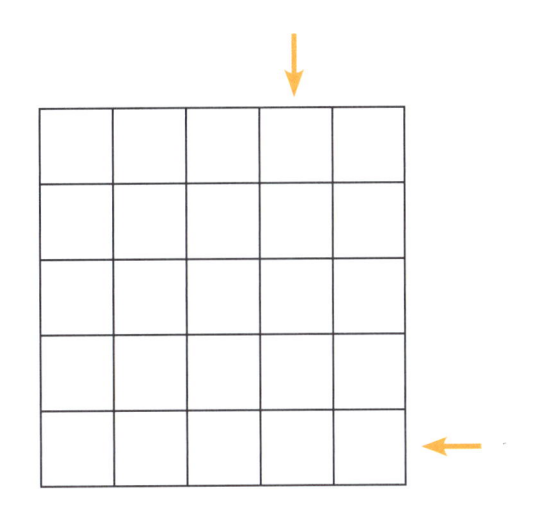

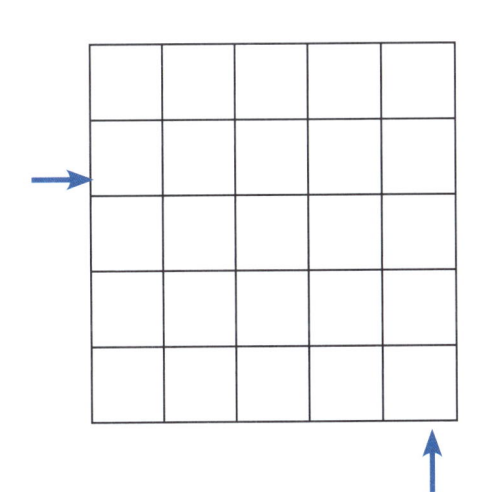

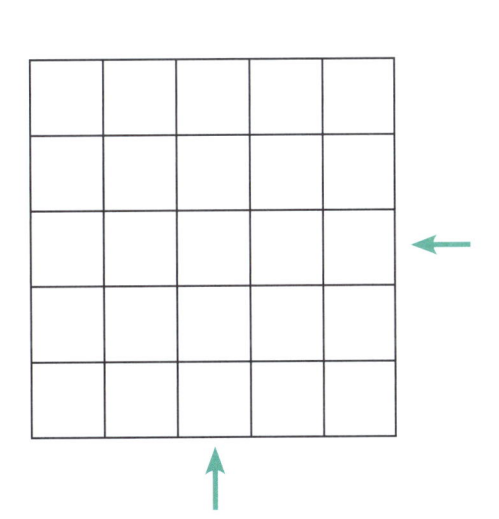

LOCALIZAR VARIAS CASILLAS

Apuntar a las casillas

En cada cuadrícula, colorea de azul las casillas a las que apunten dos flechas.
Presta atención, pues el número de casillas que has de colorear no es el mismo en cada cuadrícula.

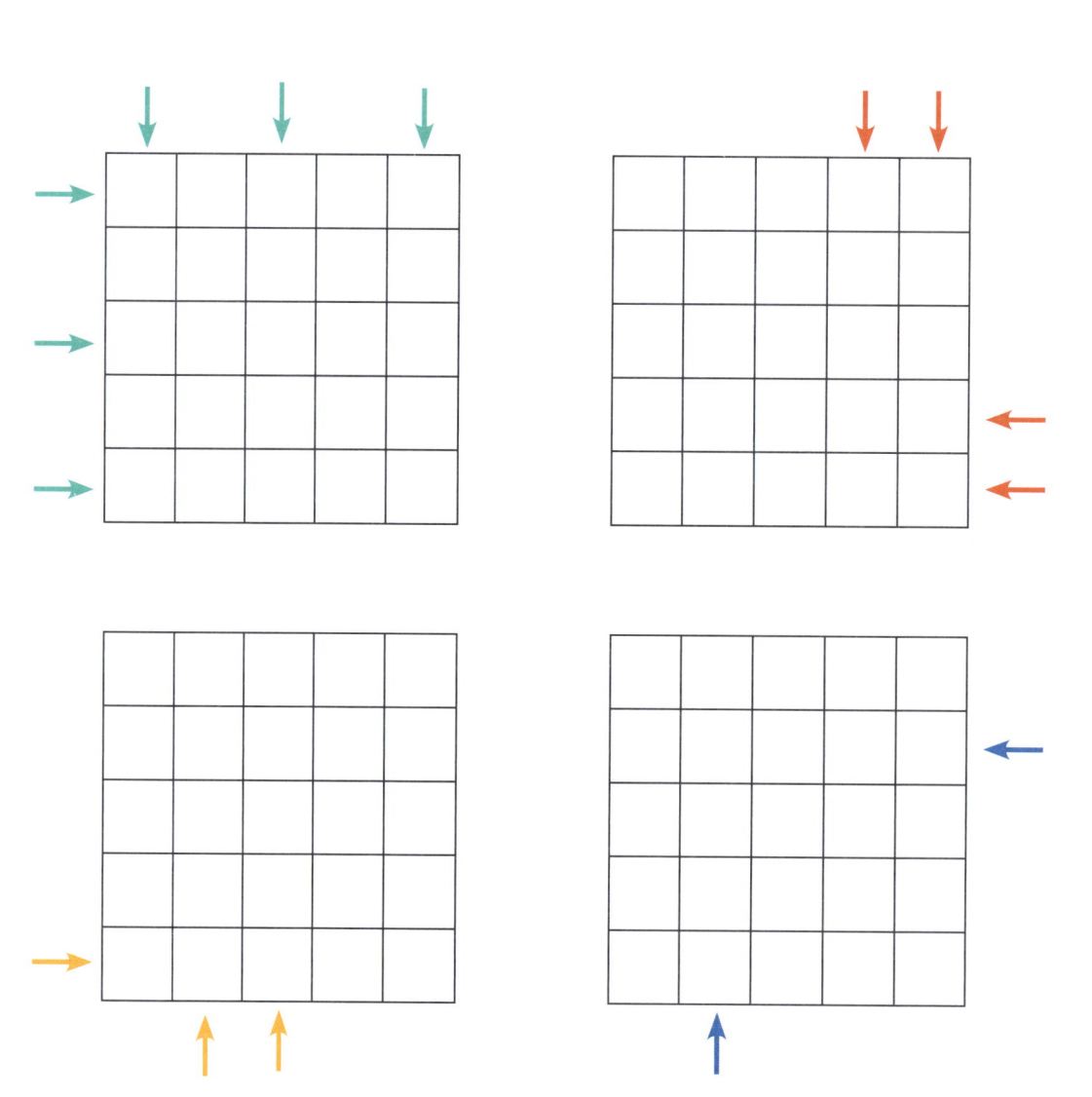

LOCALIZAR VARIAS CASILLAS

Apuntar a otras casillas

En cada cuadrícula, colorea de amarillo las casillas a las que no apunte ninguna flecha.

Presta atención, pues el número de casillas cambia en cada cuadrícula.

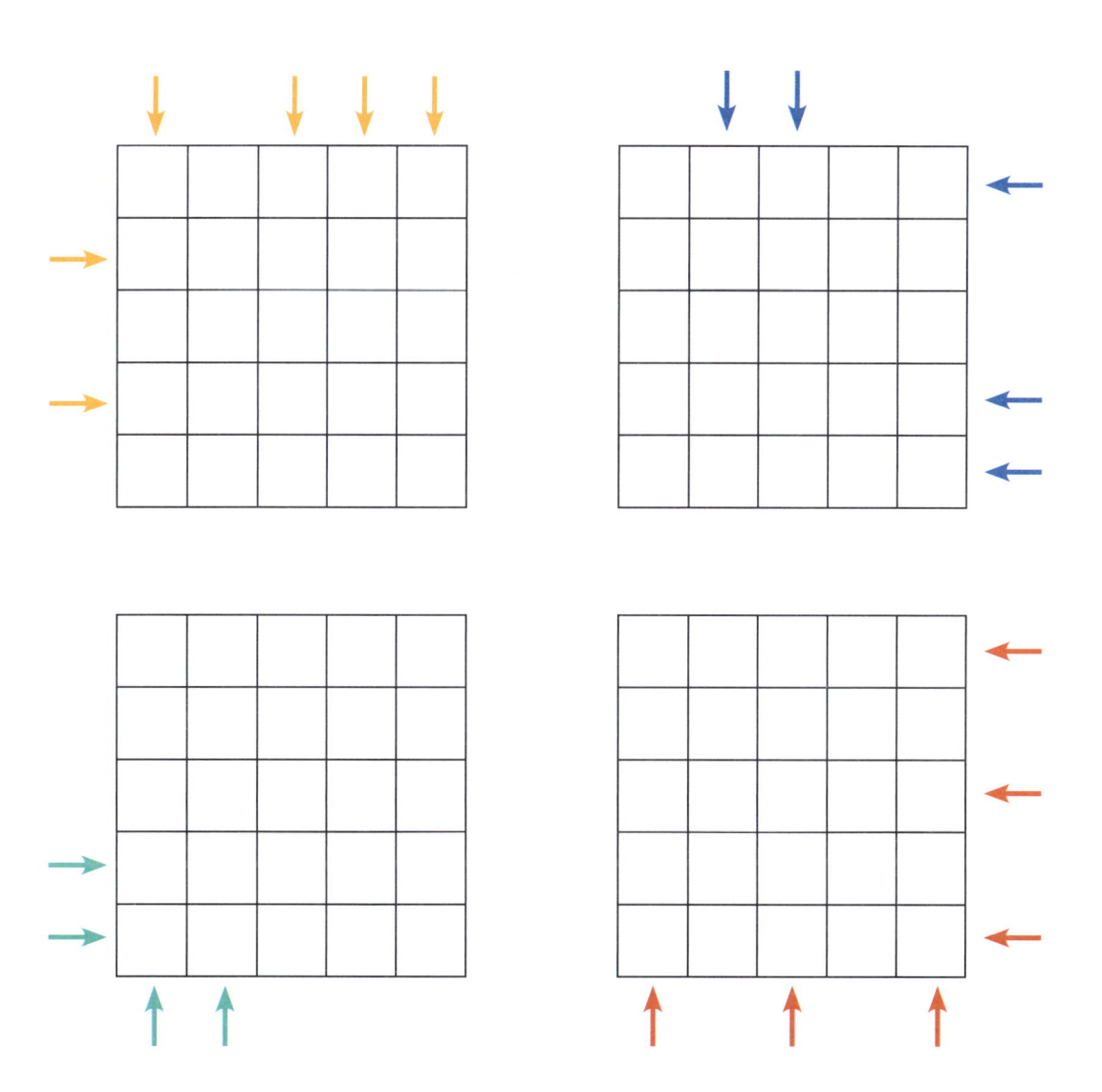

Y - NEGACIÓN

Los dos payasos

Colorea la ropa de los payasos según las indicaciones. A continuación, escribe sus nombres sobre las líneas de puntos.

▲ ....   ▲ ....

El payaso que tiene un paraguas lleva un sombrero verde y chaqueta azul.
El payaso con gafas lleva un sombrero rojo y una chaqueta roja.
El que no lleva gafas lleva una pajarita amarilla.
El que no tiene paraguas lleva una pajarita azul.
Los dos payasos llevan pantalones amarillos.
El payaso Arsenio no lleva nada rojo encima; el otro se llama Casimiro.

VERDADERO - FALSO

El perro Bilú

Lee el siguiente texto y observa el dibujo.

Bilú no es un buen perro guardián: prefiere jugar con los niños. Cuando se asusta, se refugia al fondo de su caseta o va a arañar la puerta de la casa.

En cada frase, escribe verdadero o falso.

Bilú ya se ha comido el hueso. ....

Bilú no está atado. ....

Bilú está en su caseta. ....

Bilú no está en su caseta y no se ha comido el hueso. ....

Bilú no está atado y se ha comido el hueso. ....

Bilú es un buen perro guardián que se ha comido el hueso. ....

Bilú no es un buen perro guardián y no se ha comido el hueso. ....

Juegos para aprender a razonar

Presentación

Resolver un problema de lógica requiere que se conjuguen diversas habilidades:

- prestar atención, saber concentrarse;
- comprender correctamente un enunciado y las indicaciones que se proporcionan;
- captar una situación en su contexto global, pero también lograr analizar y explorar sus aspectos particulares;
- distinguir las relaciones que existen entre diferentes elementos: relaciones lógicas, cronológicas, de relación espacial o de comparación;
- saber dar muestras de espíritu de iniciativa, de anticipación;
- deducir, sacar conclusiones.

Este cuaderno, que tiene como objetivo iniciar a los niños en el razonamiento lógico, les permite ejercitar estas habilidades en un contexto lúdico.

Las diferentes situaciones, variadas y divertidas, ofrecen la ocasión de tratar los conceptos de localización (posiciones, desplazamiento de objetos en relación a otros o en un contexto fijo como una cuadrícula), de comparación (tanto, más que, menos que, el mayor, el menor...), de combinación (varios elementos según uno o diferentes criterios), de orden (lógico, cronológico, creciente, decreciente), de deducción (eliminación, uso de conectores lógicos: y, pero, si, si no...) y de distribución (según diferentes criterios de equidad o inequidad).

Consejos de uso

Los juegos que proponemos son de dificultad progresiva: por tanto, es deseable realizarlos en el orden en el que se encuentran. Algunas páginas pueden parecer sencillas, sin embargo son importantes porque preparan a los niños a fin de que vayan elaborando conceptos más complejos que se abordarán con posterioridad.

Asegúrese de la comprensión de los enunciados y de los términos de vocabulario específico. Deje que el niño se tome el tiempo que necesite para probar, tantear, cometer errores, experimentar diversas soluciones..., sugiriéndole que use lápiz y papel. Si se enfrenta al hecho de que el niño no entiende lo que se le está pidiendo, actúe con cautela y esté prevenido para que tal cosa no lleve al desánimo. Lo mejor es dejar reposar la actividad y volver más adelante al cuaderno comenzando por actividades que el niño haya completado con éxito. Así, teniendo como base sus propios ejercicios, construirá su razonamiento por etapas que hay que respetar, incluso aunque se den periodos de estancamiento e incluso de regresión.

Las situaciones que se proponen en este cuaderno han sido probadas en niños que experimentaron una gran satisfacción al resolverlas. Es importante que se las considere como un juego con el que divertirse, en lugar de como un ejercicio obligatorio.

Título original: *Des jeux pour apprendre à raisonner*
© Éditions Retz, 2012
Creación de maqueta: Sarbacane
Compaginación: Laser Graphic
© de esta edición: Terapias Verdes, S. L.
© de la traducción: Josep Carles Laínez
Impreso en Barcelona por Sagrafic en marzo de 2015.
DL: B-3709-2015 / ISBN: 978-84-15612-54-4